INSTRUCTION DU 1er JUILLET 1909

POUR L'APPLICATION

DU CAHIER DES CLAUSES ET CONDITIONS GÉNÉRALES

DES MARCHÉS DE

TRAVAUX DE CONSTRUCTIONS MILITAIRES

PARIS

HENRI CHARLES-LAVAUZELLE

Editeur militaire

124, Boulevard Saint-Germain, 124

MÊME MAISON A LIMOGES

1919

INSTRUCTION DU 1er JUILLET 1909

POUR L'APPLICATION

DU CAHIER DES CLAUSES ET CONDITIONS GÉNÉRALES

DES MARCHÉS DE

TRAVAUX DE CONSTRUCTIONS MILITAIRES

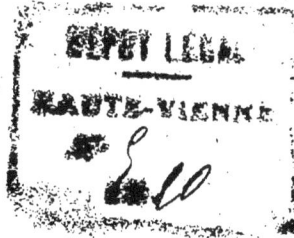

PARIS

HENRI CHARLES-LAVAUZELLE

Éditeur militaire

124, Boulevard Saint-Germain, 124

MÊME MAISON A LIMOGES

1919

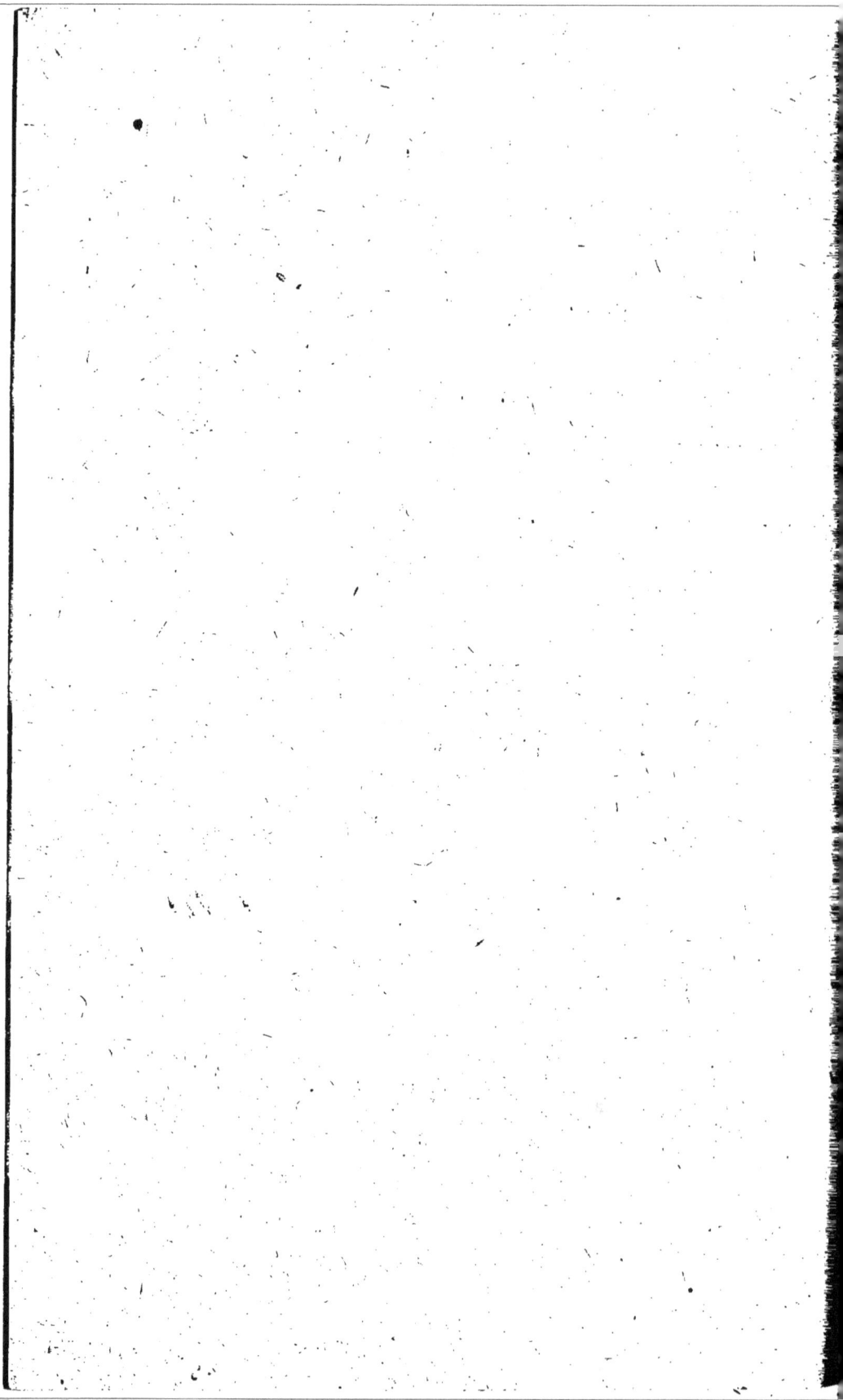

Instruction pour l'application du cahier des clauses et conditions générales des marchés de travaux de constructions militaires

(Directions du Contrôle et du Contentieux.)

Paris, le 1" juillet 1909.

Art. 1er.

Dispositions générales.

Les marchés de travaux de constructions militaires doivent être, en principe, passés dans la forme d'adjudications restreintes, sauf les exceptions prévues à l'article 18 du décret du 18 novembre 1882.

TITRE 1er.

Passation des marchés.

Art. 5.

Pièces à délivrer à l'entrepreneur.

Le chef du service doit procéder à la remise des pièces énoncées à cet article à l'entrepreneur, sans attendre que celui-ci en fasse la demande.

Toutefois, l'adjudicataire ne peut être admis à se prévaloir d'une omission de l'administration à cet égard pour se soustraire aux obligations du contrat et, notamment, à celles qui sont relatives aux délais stipulés par le marché (1).

Il devra être délivré à tout entrepreneur de travaux militaires, lorsqu'il en fera la demande, un certificat constatant le lieu, la date, la nature et l'importance des travaux exécutés, à l'exclusion de toute appréciation sur la manière dont il s'est acquitté de ses obligations.

---

(1) (Conseil d'Etat, 14 ianvier 1898, *Bosc et Lombreuil*, recueil Lebon, p. 19.)

Art. 7.

Frais auxquels donne lieu la passation des marchés.

Bien que cet article mette à la charge de l'entrepreneur la totalité des droits auxquels peut donner lieu l'enregistrement de son contrat, il est indispensable, lorsqu'il s'agit d'un marché de travaux exécutés au moyen de fonds de concours, d'insérer, au cahier des charges spéciales, la clause ci-après :

« Les droits d'enregistrement seront entièrement à la charge des adjudicataires, ainsi, d'ailleurs, qu'il est stipulé à l'article 7 du cahier des clauses et conditions générales, alors même que les droits à percevoir seraient calculés en tenant compte de ce que les travaux, objet du présent marché, doivent être payés en partie (ou en totalité) au moyen de fonds de concours fournis par la ville de   (ou département, etc...) et dont le montant s'élève à la somme de   (indiquer le montant de la partie des fonds de concours qui s'applique aux travaux). »

Art. 8.

Domicile de l'entrepreneur.

Après l'achèvement des travaux, les notifications relatives à l'entreprise peuvent être faites, régulièrement, à la mairie de la commune désignée par le cahier des charges ; mais il convient d'user de cette faculté seulement dans le cas où l'entrepreneur n'aurait pas fait connaître son nouveau domicile au chef du service.

Dans tous les autres cas, il est procédé à ces notifications par les soins du service local dans la circonscription duquel se trouve situé le nouveau domicile de l'adjudicataire sortant.

TITRE II.

Exécution des travaux.

Art. 9.

Défense de sous-traiter sans autorisation.

Au regard de l'administration, et à moins de stipulations contraircs du cahier des charges spéciales, la situation du sous-traitant autorisé n'est autre que celle d'un fondé de pouvoir.

Cette clause doit être stipulée, explicitement, dans l'autorisation de sous-traiter.

Art. 10.

Ordres de service pour l'exécution des travaux.

Il importe de distinguer, dans les ordres de service notifiés à l'entrepreneur par la voie du registre d'ordres :

1° Ceux qui, ayant pour objet l'exécution proprement dite des travaux, visent les règles techniques à suivre, ou le mode de décompte, ou bien, enfin, les prix à appliquer aux ouvrages commandés ;

2° Les ordres qui n'ont d'autre but que de constater la réalité et la date de la notification, faite à l'entrepreneur, de communications susceptibles de l'intéresser, telles que les mesures de police concernant le chantier, les décisions prises au sujet des réclamations auxquelles peuvent donner lieu les contestations qui naissent de l'exécution du contrat, etc...

Les ordres qui ont pour objet l'exécution des travaux constituent, lorsqu'ils ont été acceptés sans réserves par l'adjudicataire, de véritables conventions qui lient définitivement l'entrepreneur, et auxquelles l'Etat, de son côté, ne peut déroger qu'à la condition de prescrire, par écrit, les modifications apportées à l'ordre primitif et de dédommager, le cas échéant, l'entrepreneur des fausses manœuvres, dûment justifiées, qui peuvent résulter d'un commencement d'exécution dudit ordre.

A moins de clauses particulières du cahier des charges spéciales, l'évaluation de ce préjudice est exclusive de toute considération relative aux avantages que l'entrepreneur aurait pu retirer des conditions prescrites primitivement pour l'exécution du travail.

Le droit pour l'administration de changer, même par écrit, les stipulations des ordres de service, est d'ailleurs limité aux modifications qui ne sont pas susceptibles d'atteindre les bases essentielles du contrat.

Il ne saurait, non plus, s'étendre à des ordres de service qui ont pour objet de régler des conventions ayant une portée générale. Telles sont, par exemple, celles qui ont pour but de constater l'établissement du mode de décompte forfaitaire d'un travail de terrassement ou du prix d'un ouvrage non prévu au marché ou bien encore de la nature d'une fouille, etc...

Il s'agit là de véritables avenants au marché, qui lient également les parties contractantes, et sur lesquelles ni l'une, ni l'autre, ne peuvent être admises à revenir.

L'entrepreneur doit commencer tout travail qui lui est ordonné dans les délais, d'après les dessins ou modèles et suivant l'ordre de succession des ouvrages qui lui sont prescrits par le chef du service.

A moins de dispositions spéciales du marché, il ne peut réclamer aucune indemnité pour les sujétions qu'entraînent pour lui ces obligations, qui ne font que préciser, du reste, les dispositions de l'article 16 du décret du 27 avril 1889.

Mais c'est à la condition expresse que les délais impartis par le chef du service soient en rapport avec la nature et l'importance des travaux à entreprendre et que les croquis et les modèles d'exécution soient notifiés en temps utile à qui de droit.

L'article 10 réserve, d'ailleurs, à l'adjudicataire le droit de protester contre les ordres de service ; mais, l'administration ne pouvant rester indéfiniment sous le coup d'une réclamation, celui-ci est tenu de produire sa protestation dans un délai fixé à dix jours.

L'entrepreneur n'est d'ailleurs pas tenu de faire connaître, dans ce délai, le montant de sa réclamation ; mais il est obligé de préciser suffisamment la nature de celle-ci, pour que l'administration puisse prendre une décision en connaissance de cause (1).

L'inobservation de ces prescriptions emporte déchéance pour l'entrepreneur (2).

Cette conséquence ne s'applique du reste qu'aux ordres de service relatifs à l'exécution des travaux, à l'exclusion des ordres qui ont pour objet la notification de communications d'une autre nature, notamment de celles relatives aux décisions qui concernent les réclamations.

Les ordres de service, quels qu'ils soient, peuvent être pré-

(1) (C. E., 28 décembre 1883, *Demerlé*, Lebon, p. 979; 22 février 1888, *Astier*, Lebon, p. 133.)

(2) (C. E., 10 mai 1878, *Chêne*, Lebon, p. 439.)

sentés à la signature de l'entrepreneur ou de son représentant, soit dans les bureaux du service, soit dans les bureaux de l'entreprise.

En cas de refus de signer ou d'absence, la notification de l'ordre est faite sans retard au domicile de l'entrepreneur qui doit être invité à signer le procès-verbal de notification (1), dont il lui est d'ailleurs toujours délivré copie (voir modèle n° 1).

En cas de refus ou d'absence, le procès-verbal est notifié et enregistré, conformément aux règles du droit commun, toutes les fois qu'il s'agit d'une décision se rattachant au contentieux administratif.

Les droits de timbre et d'enregistrement seront avancés par l'officier d'administration gérant, et, pour le service des poudres, par l'agent comptable.

A défaut de remboursement par l'entrepreneur dans les conditions indiquées par l'article 3 de l'instruction du 17 mars 1904 sur la liquidation des dépenses, il serait justifié de ladite avance conformément au dernier alinéa du même article (*B. O.*, É. M., vol 26 *bis*, p. 18) et le remboursement en serait poursuivi à l'égard de l'entrepreneur par voie de précompte ou de mise en débet (2).

L'entrepreneur est tenu de dater les ordres qu'il signe. S'il néglige cette formalité, la date de la signature est réputée celle à laquelle l'ordre a été établi par le chef du service ou son délégué (3).

Art. 11.

Police des chantiers.

Il appartiendra au chef du service, dans les cas de force majeure où un travail devrait être continué sans interruption, de donner les ordres que les circonstances peuvent rendre nécessaires.

Si, exceptionnellement, le jour de repos hebdomadaire n'avait pu être assuré au personnel civil employé, un rapport sommaire serait envoyé au Ministre (Direction intéressée) pour rendre compte de cette dérogation aux conditions du travail.

---

(1) Lorsque l'agent assermenté appartient à l'administration, cette notification est dite « administrative », pour la distinguer des significations par huissier.
(2) Complété par la circulaire du 9 août 1913 (*B. O.*, p. 1250).
(3) (C. É., 2 mai 1884, *Mourier*, Lebon, p. 345.)

Art. 12.

Présence de l'entrepreneur sur les lieux des travaux.

Le représentant de l'entrepreneur sur les chantiers doit être muni d'une procuration en règle, dont un double est remis au chef du service.

Cette procuration comporte, obligatoirement, pour le mandataire de l'entrepreneur, tous pouvoirs pour l'acceptation des croquis d'exécution, attachements, ordres de service et décomptes de toute nature.

Comme contre-partie, ce mandataire est admis, par l'administration, à représenter l'entrepreneur en toute circonstance relative à l'exécution du contrat, notamment pour la présentation et la poursuite des réclamations.

Art. 14.

Liste nominative des ouvriers.

Le chef du service peut exiger, toutes les fois qu'il le juge utile, la justification de l'accomplissement par les ouvriers de nationalité étrangère, employés sur les chantiers, des formalités imposées par la loi du 8 août 1893 aux étrangers résidant en France.

Art. 18.

Carrières désignées au devis.

Lorsque l'exploitation, par l'entrepreneur, des carrières prévues au devis donne lieu à des difficultés de la part des propriétaires, il est procédé à l'occupation temporaire des terrains nécessitée par cette exploitation, dans les conditions indiquées par la loi du 29 décembre 1892, relative aux dommages causés à la propriété privée par l'exécution des travaux publics.

Art. 25.

[Objets trouvés dans les fouilles.

Cet article a pour objet de déroger expressément aux dispositions de l'article 716 du Code civil, en réservant à l'Etat, seul, la propriété intégrale des objets de toute nature, matériaux, trésors, etc., découverts au cours des travaux.

L'indemnité dont il est question audit article ne doit être que la compensation du travail spécial fourni par l'inventeur du trésor, quand la mise à jour, ou l'extraction de l'objet découvert, a nécessité une perte de temps ou des soins particuliers tels, par exemple, que ceux qu'exige l'exhumation d'une statue fragile. le dégagement d'une mosaïque, etc.

Il appartient, au reste, à l'entrepreneur, d'aviser les ouvriers qu'il embauche du droit que se réserve ainsi l'Etat, afin d'éviter, le cas échéant, de leur part, toute réclamation à ce sujet (1).

Art. 28.

Pertes et avaries en cas de force majeure.

I. — Les cas de force majeure sont ceux qu'il n'est pas au pouvoir des parties contractantes de prévoir ou d'éviter. Ils peuvent provenir du fait des éléments, du fait de l'homme ou du fait de la loi.

En principe (art. 1788 du Code civil) les conséquences des événements ci-dessus sont à la charge de l'entrepreneur, sauf pour les ouvrages reçus ou en état de l'être (art. 46 et 47 du cahier des clauses et conditions générales).

Aux dérogations à ce principe qui résultent déjà des articles 33 (résiliation pour cause de variation des prix) et 43 (revision des prix), l'article 28 en ajoute deux nouvelles qui permettent à l'entrepreneur de solliciter un sursis, dans le cas où la force majeure a entravé l'exécution des travaux, ou une indemnité si le dommage éprouvé par lui est de nature à motiver, par raison d'équité ou d'intérêt, une intervention de l'administration en sa faveur.

Quant au délai imparti pour signaler l'événement survenu, il doit s'entendre de cinq jours francs.

II. — L'article considéré rend l'entrepreneur responsable des dommages causés aux tiers par suite de retards dans l'exécution des travaux.

Toutefois, l'entrepreneur de l'un des lots d'un marché ne peut réclamer directement aucune indemnité à l'entrepreneur d'un autre lot, pour un dommage provenant du retard apporté aux travaux par ce dernier, car les différents entrepreneurs ne peuvent pas être liés les uns envers les autres par un acte qui a été passé directement entre l'administration et chacun d'eux et qui est pour eux *res inter alios acta*.

Ils ne peuvent donc pas recourir l'un contre l'autre pour des

---

(1) Circulaires du Ministre des travaux publics, en date des 21 novembre 1866 et 19 février 1892.

retards ou dommages résultant de leur travail commun et ils ne peuvent, dans ce cas, s'adresser qu'à l'administration à qui incombe la direction de ses divers entrepreneurs, sauf, pour celle-ci à se retourner contre l'entrepreneur, cause première du dommage, qui est responsable vis-à-vis d'elle.

Ce n'est que dans le cas où un entrepreneur commettrait un délit ou un quasi-délit à l'égard d'un de ses coentrepreneurs, ou bien dans le cas où il causerait un dommage à un tiers étranger à l'entreprise, qu'il pourrait être mis directement en cause.

Art. 29.

Règlement du prix des ouvrages non prévus.

L'adjudicataire d'un marché de travaux de constructions militaires a un droit acquis à l'exécution intégrale des ouvrages qui font l'objet du contrat, que leurs éléments y soient, ou non, explicitement prévus.

En conséquence, il importe de mentionner énonciativement, au cahier des charges spéciales, les éléments (travaux et fournitures) que l'Etat entend distraire du marché.

Les prix des travaux et fournitures non prévus sont fixés, à l'estimation, par le directeur, pour chaque cas particulier.

Ils ne feront en aucun cas l'objet d'additions de prix supplémentaires aux séries de prix ou aux devis des marchés.

Art. 30 à 34 inclus.

Modifications apportées aux prévisions du contrat.

Le cahier des clauses et conditions générales distingue, au point de vue des droits et obligations des parties contractantes, en cas de modifications aux prévisions du contrat, quatre catégories de marchés, savoir :

1° Les marchés sur devis;

2° Les marchés passés sur série de prix pour l'exécution de travaux de constructions neuves, dont la masse totale est spécifiée au contrat;

3° Les marchés passés sur série de prix en vue de l'exécution des travaux d'entretien, pour lesquels la dépense est indiquée, par exercice, au cahier des charges spéciales;

4° Les marchés sur série de prix proprement dits, passés dans des circonstances exceptionnelles, en vue de l'exécution de travaux dont l'importance n'est susceptible, par avance, d'aucune évaluation.

1° *Marchés sur devis.* — L'entrepreneur a droit à la résiliation de son contrat lorsque l'importance de l'ensemble des ouvrages exécutés dépasse de un sixième la masse totale des travaux prévus (art. 30). Il a droit à une indemnité en cas de diminution de plus de un sixième de la masse totale des travaux (art. 31).

L'entrepreneur peut présenter une demande d'indemnité lorsque les changements ordonnés ont modifié de plus de un quart les quantités prévues par le devis (art. 32).

Les indemnités susceptibles d'être accordées en vertu des articles 31 et 32 susvisés, sont calculées en tenant compte des préjudices de toute nature, dûment justifiés, qui ont pu être causés à l'entrepreneur à raison des modifications apportées par l'administration aux prévisions de contrat, y compris les pertes de bénéfice, en cas de diminution de l'importance de chaque nature d'ouvrages ou de l'ensemble des travaux (1).

Enfin, ce calcul doit porter, le cas échéant, sur les différences réelles constatées en fin de marché, et non pas seulement sur ces différences diminuées de l'écart autorisé par le contrat (2).

2° et 3° *Marchés sur série de prix passés spécialement pour les travaux neufs ou d'entretien.* — Les cahiers des charges spéciales de ces marchés doivent stipuler un chiffre ferme, soit pour la masse totale s'il s'agit de travaux neufs, soit pour l'importance de la dépense par exercice, s'il s'agit de travaux d'entretien.

Il importe d'observer, en ce qui concerne les marchés sur série de cette nature qui se rapportent à des travaux neufs, que l'obligation d'indiquer au contrat un chiffre ferme pour la masse des travaux, implique la nécessité d'avant-métrés suffisamment approchés pour rester dans la limite du sixième prévue aux articles 30 et 31.

Pour les marchés d'entretien, l'importance de la masse des travaux, est nécessairement basée sur l'importance des décomptes des exercices précédents.

---

(1) (C. E., 13 mai 1887, *Brun*, Lebon, p. 401.)
(2) (C. E., 16 mars 1883, *Chabanel*, Lebon, p. 294.)

Il s'ensuit que les contrats sur série avec indication de la dépense, qui constituent la règle pour les marchés d'entretien, ne doivent être employés, en fait de travaux neufs, *que dans le cas où la divulgation du détail des quantités d'ouvrages pourrait offrir des inconvénients.*

4° *Marchés sur série de prix proprement dits.* — L'application de ce mode de marché est limitée aux circonstances *tout à fait exceptionnelles,* où l'administration de la guerre se trouve dans l'impossibilité de prévoir l'importance des éléments du marché.

Art. 35.

Cessation absolue ou ajournement des travaux.

L'article 35 ouvre droit à indemnité pour l'entrepreneur lorsque les travaux sont suspendus ou ajournés.

L'indemnité, en pareil cas, tient compte à l'entrepreneur du préjudice, dûment justifié, qu'il a pu éprouver par la suite de la fausse manœuvre résultant, du fait de l'administration, soit de la cessation ou suspension, par ordre, d'un travail commencé, soit de l'ajournement d'un travail prescrit, lorsque l'entrepreneur aura déjà pris des dispositions en vue de son exécution.

D'autre part, en raison de cette disposition, il importe de toujours spécifier, dans le cahier des charges spéciales, le délai que se réserve l'administration pour notifier, à l'entrepreneur, l'ordre de commencer les travaux.

Ce délai qui doit courir de la date de la notification, à l'entrepreneur, de la décision approuvant l'adjudication, est supputé d'après l'importance des travaux en tenant compte de la double condition de laisser d'une part, à l'entrepreneur, le temps suffisant pour réunir son matériel et pour recruter son personnel et de lui permettre, d'autre part, de commencer le travail, aussitôt ces opérations préliminaires terminées.

Art. 36.

Mesures coercitives.

I. — RETARD DANS L'EXÉCUTION DES OUVRAGES.

En cas de marché par forfait, notification des travaux restés en souffrance à l'échéance du terme est faite au registre d'ordres et un procès-verbal d'état de lieux est dressé dans les conditions prévues pour le cas de contestation à l'article 10 du cahier des clauses et conditions générales. Le calcul des pénalités est fait en appliquant aux quantités (surfaces, volumes, poids, etc...) de travaux non exécutés les prix unitaires correspondants de la série d'entretien de la place, affectés du rabais ou de la surenchère du marché en cours, le jour de l'échéance.

S'il n'existe pas dans la place de marché d'entretien, il sera fait emploi de la série de la place la plus voisine du lieu du marché.

II. — INEXÉCUTION DES OBLIGATIONS DE L'ENTREPRENEUR.

Lorsque, en cas d'inexécution du service, il est nécessaire de recourir soit à la régie aux frais de l'entrepreneur, soit à la passation d'un nouveau marché aux risques et périls de celui-ci, les propositions concernant les mesures propres à assurer la continuation des travaux sont adressées au Ministre dans le moindre délai.

S'il y a lieu de passer un marché aux risques et périls de l'entrepreneur, l'adjudication publique doit être la règle générale, et le marché de gré à gré l'exception. Dans ce dernier cas et à moins d'urgence dûment constatée, le marché de gré à gré fait l'objet d'un appel à la concurrence.

Les frais occasionnés soit par la mise en régie, soit par l'exécution du marché aux risques et périls, sont précomptés sur les mandats des sommes dues à l'adjudicataire défaillant.

En cas d'insuffisance et lorsque l'entrepreneur, ayant été mis régulièrement en demeure, se refuse à verser au Trésor l'excédent des frais, le service local prépare et soumet, en projet, au Ministre, une requête à adresser au conseil de préfecture compétent en vue de faire constater le débet (1).

Une copie de chacun des deux décomptes faisant ressortir, l'un les dépenses réellement faites, l'autre le montant des travaux, calculé d'après les prix du marché, est mise à l'appui de cette requête.

Dès que la juridiction saisie a fait connaître sa décision,

---

(1) (C. E., 19 février 1886, *Bigle*, Lebon, p. 134.)

celle-ci est notifiée, à l'intéressé, dans les formes légales par le préfet représentant l'Etat (1) et une expédition en est adressée, le cas échéant, par les soins du Ministre à l'agent judiciaire du Trésor chargé de la poursuite du recouvrement des sommes reconnues dues par l'entrepreneur.

Art. 37.

Cas de guerre.

Pour les marchés intéressant les places de guerre, le nom du fondé de pouvoir désigné pour remplacer l'entrepreneur susceptible d'être appelé sous les drapeaux doit être mentionné au journal de mobilisation.

TITRE III.

Règlement des dépenses.

***

Art. 40.

Attachements.

Les attachements comprennent tous les éléments, dessins ou inscriptions aux carnets-journaux destinés à établir l'état des travaux, contradictoirement entre le service constructeur et l'entrepreneur.

Celui-ci est tenu, de la manière la plus étroite, de faire constater, à l'occasion de la prise des attachements, dans le délai de dix jours qui lui est imparti par le présent article, tous les faits qu'il estime de nature à lui porter préjudice, surtout lorsqu'il s'agit de faits dont la vérification peut devenir impossible par la suite (2).

Faute de produire ses réserves dans le délai prévu par le contrat, l'entrepreneur est déchu de tout droit à réclamation, et les attachements font foi, à son encontre, en cas de règlement contentieux (3).

***

(1) Loi du 22 juillet 1889, article 51.
(2) (C. E., 11 février 1898, *Mottet*, Lebon, p. 108.)
(3) (C. E., 1" juillet 1898, *Commune de Bellefontaine*, Lebon, p. 516.)

Ces réserves doivent, d'ailleurs, préciser exactement les points litigieux. Elles ne peuvent se borner à des allégations vagues et générales à l'égard desquelles le service intéressé ne pourrait se prononcer (1).

En cas de nécessité absolue, s'il s'agit, par exemple, de la vérification matérielle d'un état de choses ou de lieux que la poursuite des travaux doit faire disparaître, le directeur peut, sauf à en rendre compte au Ministre, demander par l'intermédiaire du préfet, représentant l'Etat, au président du conseil de préfecture un constat d'urgence, dans les conditions prévues à l'article 24 de la loi du 22 juillet 1889.

Art. 42.

Décomptes définitifs en fin d'exercice ou d'entreprise.

De même que les réserves contre les ordres de service et contre les attachements, celles qui concernent les décomptes doivent préciser, d'une manière suffisamment nette, les éléments que l'entrepreneur entend contester, pour que les représentants de l'Etat et, en particulier, le chef du service, puissent prendre une décision à leur égard et redresser les décomptes en cas d'erreurs ou d'omissions.

Toutefois, s'il s'agit de travaux ou de fournitures se rapportant à un exercice clos, la décision du chef du service doit être préalablement soumise au Ministre, avec l'avis du directeur local.

Art. 43.

Revision des prix.

La revision des prix prévue à l'article 43 devant résulter non d'une entente avec l'entrepreneur, mais d'une constatation de fait, c'est au chef du service qu'il appartient d'établir les nouveaux prix sans en référer à l'autorité supérieure.

Quant à la revision des prix consécutive à une variation dans les salaires ayant atteint la limite de 33 p. 100 fixée audit article, elle n'est applicable qu'autant que la revision préalable

---

(1) (C. E., 28 décembre 1883, *Demerté*, Lebon, p. 979; 22 février 1886, *Astier*. Lebon, p. 133.)

du bordereau des salaires normaux aura été prononcée dans les conditions de l'article 61 par le chef du service, qui est toujours juge de l'opportunité de cette mesure (1).

Au cas où des raisons spéciales imposeraient la modification de la limite de 33 p. 100 ci-dessus, il y aurait lieu d'en faire l'objet d'une stipulation particulière au cahier des charges spéciales, laquelle devrait être justifiée au mémoire de discussion dans le travail préparatoire au marché.

Quant aux modifications résultant des tarifs fiscaux, elles font l'objet soit de plus ou moins-values, soit de prix nouveaux à l'estimation, à établir dès la promulgation des lois qui mettent ces tarifs en vigueur, et non pas d'indemnités ou de retenues globales calculées en fin d'exercice ou de marché.

Les prix nouveaux sont portés à la connaissance de l'entrepreneur par la voie de l'ordre, et les contestations à ce sujet réglées dans les conditions stipulées à l'article 10.

Art. 44.

Reprise du matériel en cas de résiliation.

On doit entendre par matériaux approvisionnés par ordre, non seulement les matériaux dont la réunion sur le chantier a fait l'objet d'un ordre explicite, mais encore les approvisionnements constitués en vue de l'exécution des travaux commandés avant la résiliation.

TITRE IV.

Payements.

Art. 45.

Payement des acomptes.

Les dispositions de cet article astreignent l'administration à délivrer périodiquement des mandats d'acomptes aux entrepreneurs, en cours de travaux, mais seulement dans la limite des crédits disponibles.

---

(1) (C. E., 3 mai 1907, *Graveron et Allary*, Lebon, p. 418.)

Art. 46.

Réception provisoire.

Les travaux doivent être reçus provisoirement, dès leur achèvement.

Faute de procéder à cette réception en temps utile, l'administration se trouve exposée, de la part de l'entrepreneur, à une mise en demeure susceptible de faire courir le délai de garantie (1).

On doit entendre par travaux achevés ceux qui sont compris dans un même décompte définitif de fin d'exercice ou de travaux.

Toutefois, les ouvrages mis en service avant la fin d'un exercice ou avant l'expiration du marché, doivent faire l'objet d'une réception provisoire, à défaut de laquelle la date de la réception pourrait être réputée celle de l'occupation (2).

Art. 47.

Réception définitive.

Lorsqu'une entreprise est donnée dans le but spécial d'établir une construction qui doit servir de support à une autre (entreprise particulière pour les fondations d'un bâtiment, par exemple), il conviendra d'insérer, dans le cahier des charges spéciales de cette entreprise, une clause étendant la garantie des articles 1792 et 2270 du Code civil à la construction qui sera édifiée sur la première, au cas où les terrassements des fondations viendraient à faire périr la seconde en totalité ou en partie.

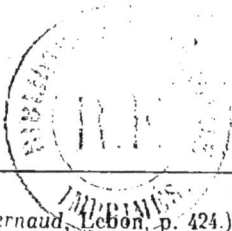

---

(1) (C. E., **30 avril** 1880, *Vernaud, Lebon*, p. 424.)
(2) (C. E., **14 novembre** 1873. *Curière et Bonafé*, Lebon, p. 824.)

TITRE V.

Contestations.

Art. 50.

Réclamations au sujet des contestations.

Au point de vue du contentieux, le Ministre peut seul engager l'Etat.

En conséquence, aucune réclamation relative à l'exécution du marché ne peut être portée par l'entrepreneur devant le conseil de préfecture, sans avoir été préalablement soumise au Ministre (1).

On doit, d'ailleurs, entendre ici par réclamation toute demande susceptible d'une sanction, allocation d'indemnité, redressement de compte ou résiliation du contrat. Mais, s'il s'agit de la simple vérification d'un fait, indépendamment de l'action contentieuse à laquelle ce fait peut donner lieu ultérieurement, il est loisible à l'entrepreneur de s'adresser directement au président du conseil de préfecture, pour demander la constatation d'urgence de la situation litigieuse (art. 24 de la loi du 22 juillet 1889).

Toutes les réclamations concernant l'exécution du contrat doivent être adressées au Ministre par l'entrepreneur, en fin de marché, dans le délai de six mois qui suit la notification du dernier décompte définitif à l'entrepreneur.

Le mémoire de l'entrepreneur indique les motifs et le montant de chaque demande.

Il s'ensuit que ce mémoire doit, notamment, reproduire toutes les réclamations qui ont fait, en cours d'entreprise, l'objet de simples réserves, dans les conditions et délais prévus aux articles 10, 40 et 42.

La latitude ainsi laissée à l'entrepreneur par l'article 50,

---

(1) (C. E., 1er décembre 1899, *Hardy*, Lebon, p. 699.)

d'attendre la fin du marché pour présenter ses réclamations, permet aux parties contractantes d'apprécier, en toute connaissance de cause, les conditions dans lesquelles le marché a été exécuté et la portée exacte des difficultés d'interprétation auxquelles il a donné lieu.

D'autre part, en impliquant le payement éventuel, à l'entrepreneur, d'indemnités ou de suppléments de prix se rapportant à des exercices clos, cette disposition nouvelle ne déroge en rien aux règles de la comptabilité publique relatives à la spécialisation des exercices.

La décision ministérielle qui statue en fin de marché sur l'ensemble des réclamations de l'entrepreneur est, en effet, une décision contentieuse, en sorte que les indemnités qu'elle peut accorder appartiennent à l'exercice correspondant à l'année pendant laquelle cette décision a été rendue (instruction sur la liquidation des dépenses du ministère de la guerre).

Le mémoire de réclamations de l'entrepreneur est transmis au Ministre par le directeur, accompagné de l'avis du service local, consigné sur un état conforme au modèle n° 2 annexé à la présente instruction.

Chacun des chefs du mémoire fait l'objet d'un avis distinct, au triple point de vue de la recevabilité, du bien fondé, en droit ou en fait, et de la justification de la demande de l'entrepreneur.

L'état modèle n° 2 est adressé au Ministre en double expédition, dont une est retournée au directeur avec la mention des décisions auxquelles ont donné lieu les réclamations de l'entrepreneur.

Ces décisions sont ensuite portées à la connaissance de l'intéressé par un ordre de service, notifié dans les formes indiquées à l'article 10.

Aussitôt après cette notification, le directeur procède, s'il y a lieu, à la liquidation des sommes accordées à l'entrepreneur, en ayant égard aux dispositions réglementaires en vigueur (instruction sur les travaux du service du génie ; instruction sur la liquidation des dépenses du ministère de la guerre).

Enfin les réclamations que l'entrepreneur adresse au Ministre, en cours de marché, sont instruites et transmises par le service local en se conformant aux indications qui précèdent.

Art. 51.

Jugement des contestations.

Si la décision du Ministre ne donne pas satisfaction à l'entrepreneur, celui-ci peut, d'après l'article 50, saisir le conseil de préfecture compétent, c'est-à-dire le conseil de préfecture du département sur le territoire duquel les travaux sont exécutés.

La requête doit être déposée dans les six mois qui suivent la notification de la décision du Ministre.

D'après l'article 50, le silence du Ministre au delà du délai de trois mois qui suit la date de la remise au directeur du mémoire de réclamation, peut être considéré, par l'entrepreneur, comme impliquant le rejet de ses réclamations; et il lui est alors loisible de saisir le conseil de préfecture.

Mais c'est là une pure faculté laissée par le contrat, qui ne fait aucunement obstacle à ce que l'adjudicataire attende la décision du Ministre, pour se pourvoir devant la juridiction administrative (1).

La requête déposée par l'entrepreneur au greffe est transmise par le préfet (circulaire du 18 mai 1899 à MM. les préfets) au directeur, qui donne immédiatement des instructions au chef du service en vue de la préparation d'un projet de mémoire en réponse pour l'Etat.

Ce mémoire, établi au nom du *préfet, représentant l'Etat* (Service du Génie militaire, de l'Artillerie ou des Poudres et Salpêtres) (2) doit être rédigé en s'inspirant toujours de la jurisprudence, des dispositions du contrat et des décisions déjà prises par le Ministre.

Il fait ressortir, suivant les cas, pour chacun des chefs de la requête, et, autant que possible, dans l'ordre ci-après, les divers moyens de rejet à invoquer par l'Etat, tirés :

1° De l'incompétence de la juridiction saisie;

2° De l'irrecevabilité (inobservation des formes édictées par la loi du 22 juillet 1889, déchéances encourues, etc...);

3° Du mal fondé, en droit ou en fait, de la réclamation;

---

(1) (C. E., 7 mai 1897, *Mercier*, Lebon, p. 362.)
(2) (C. E., 9 décembre 1898, *Favril*, Lebon, p. 788.)

4° Du défaut ou de l'insuffisance des justifications de l'entrepreneur, auquel il appartient de faire la preuve de ses allégations.

Ces divers moyens sont résumés à la fin du mémoire sous forme de conclusions.

Le projet de mémoire ainsi établi est transmis, avec l'avis du directeur, au Ministre, qui arrête, *ne varietur*, la teneur des conclusions pour l'Etat.

La minute du mémoire définitif est alors renvoyée au directeur, qui en fait établir une expédition pour le conseil de préfecture et une pour chacune des parties en cause. Ces expéditions sont exemptes du timbre (art. 2, 3 et 9 de l'instruction du 31 juillet 1890 sur l'application de la loi du 22 juillet 1889).

Elles sont adressées, par le directeur, au préfet, représentant l'Etat dans l'instance, auquel il appartient d'en assurer le dépôt au greffe du conseil de préfecture, conformément aux dispositions de la circulaire susvisée du 18 mai 1899.

La minute du mémoire est ensuite renvoyée au Ministre, avec la mention de la date du dépôt ainsi effectué.

Les règles ci-dessus sont, d'ailleurs, applicables à toutes les répliques et observations de toute nature produites par l'entrepreneur en cours d'instance.

Lorsque le conseil de préfecture décide de recourir à l'expertise, le directeur, après entente avec le préfet, adresse au Ministre, en même temps que la copie de l'arrêté préparatoire qui ordonne ce moyen d'instruction, des propositions au sujet de la désignation, soit de l'expert unique, soit de l'expert à désigner pour l'Etat, selon le cas (art. 14 et 15 de la loi du 22 juillet 1889).

La décision ministérielle arrêtant le choix de l'expert, est portée à la connaissance de l'intéressé par le directeur, qui en informe le préfet.

Le directeur désigne ensuite l'officier ou ingénieur chargé de suivre les opérations d'expertise.

Cet officier ou ingénieur doit fournir aux experts tous renseignements utiles pour l'accomplissement de leur mission, en répondant toujours par écrit aux questions qui lui sont posées, et en conservant copie de sa réponse.

Il s'inspire, pour ces réponses, des clauses du contrat et des décisions déjà prises par le Ministre au sujet des travaux litigieux.

La procédure devant les conseils de préfecture étant essentiellement écrite, il importe que les défenses de l'Etat, mémoires, requêtes, observations, etc., contiennent l'indication précise de tous les moyens de droit ou de fait que l'administration entend opposer à la partie adverse.

Lorsque, en raison de l'importance des moyens juridiques soulevés, le directeur estime qu'il est nécessaire d'avoir recours à un avocat, il adresse des propositions dans ce sens au Ministre, après entente avec le préfet représentant l'Etat et en ayant égard aux prescriptions de la circulaire du 21 mai 1900 (vol. 58).

Les décisions prises par le conseil de préfecture sont portées à la connaissance du Ministre et, le cas échéant, notifiées aux parties, conformément aux dispositions de la circulaire précitée du 18 mai 1899.

TITRE VI.

Conditions du travail.

Art. 54.

Salaires.

Afin d'être en mesure de contrôler l'application par l'adjudicataire des tarifs du bordereau des salaires et aussi la régularité de leur payement, le chef du service peut imposer à l'entrepreneur l'obligation de mentionner sur les listes nominatives prévues à l'article 14 ci-dessus le taux des salaires appliqué à chaque ouvrier.

Le Sous-Secrétaire d'Etat
au ministère de la guerre,

Henry CHÉRON.

CORPS D'ARMÉE.

MODÈLE N° 1.

Art. 10 de l'instruction
pour l'application du
cahier des clauses et
conditions générales.

Format tellière :
0ᵐ,215 × 0ᵐ,325.
Les exemplaires à timbrer
seront rognés au
format 0ᵐ,210 × 0ᵐ,297.

PROCÈS-VERBAL DE NOTIFICATION.

L'an mil neuf cent   le   à   heure .
Je soussigné (qualité) officier d'administration de   ᵉ classe
du service, employé dans la place de
dûment assermenté, ou garde assermenté, conformément à la
loi du 29 mars 1806, par-devant le Tribunal civil de
et agissant en vertu de la commission que M. le Ministre de la
guerre m'a fait expédier le   , laquelle commission
a été, ainsi que ma prestation de serment, enregistrée le   :
tant au greffe du tribunal qu'à la mairie du lieu actuel de
mon service ;

Conformément à l'ordre de M. (nom et grade) chef du service
à   , me suis transporté au domicile de M.
entrepreneur des travaux de
à l'effet de lui notifier administrativement l'ordre de service
n°   , en date du   , de M. (nom, grade et fonctions)
dont la teneur suit :

ORDRE N°

Et j'ai, au susdit domicile et parlant à   laissé une
expédition de la présente notification.

(Signature.)

Visa pour timbre et enregistrement, en cas d'absence ou de refus de signer. (Circulaire du 9 août 1913, B. O., p. 1250.)

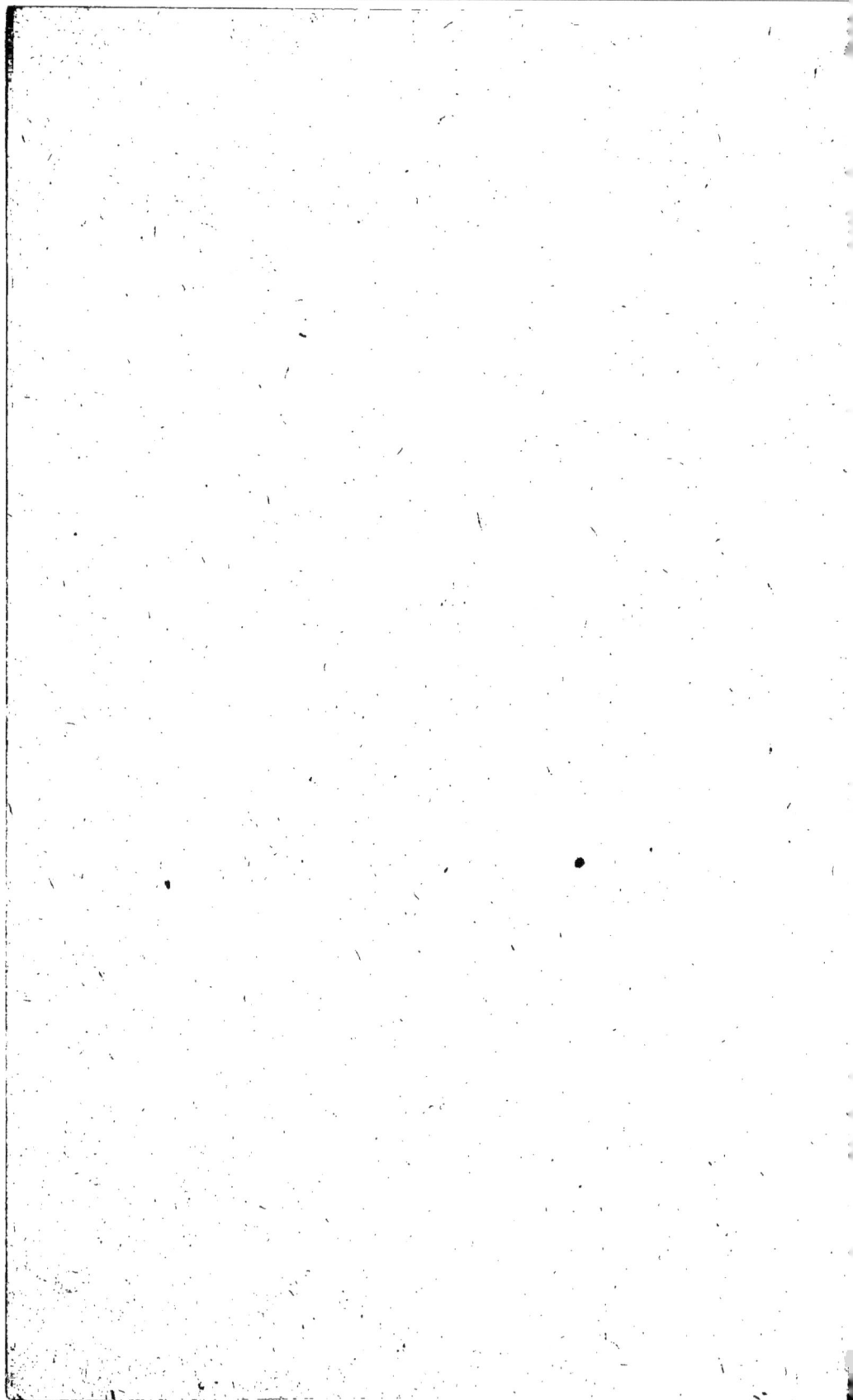

• CORPS D'ARMÉE.

MODÈLE N° 2.
—
Art. 50 de l'instruction pour l'application du cahier des clauses et conditions générales.

Format tellière :
0ᵐ,215 × 0ᵐ,325.

TRAVAUX D

AVIS du service local au sujet *des réclamations soumises à l'examen du Ministre par M. entrepreneur.*

(Exercices 19 , 19 , 19 .)

NUMÉROS DES CHEFS.	SOMMES RÉCLAMÉES.	EXERCICE pendant lequel LES TRAVAUX ont été exécutés.	DATE à laquelle l'ordre de service, l'attachement ou le décompte de l'exercice a été présenté à l'acceptation de l'entrepreneur.	DATE à laquelle l'entrepreneur a produit ses réserves en cours d'entreprise.	DATE de la réclamation au Ministre.

AVIS DU CHEF DU SERVICE.	AVIS DU DIRECTEUR.	DÉCISION DU MINISTRE.

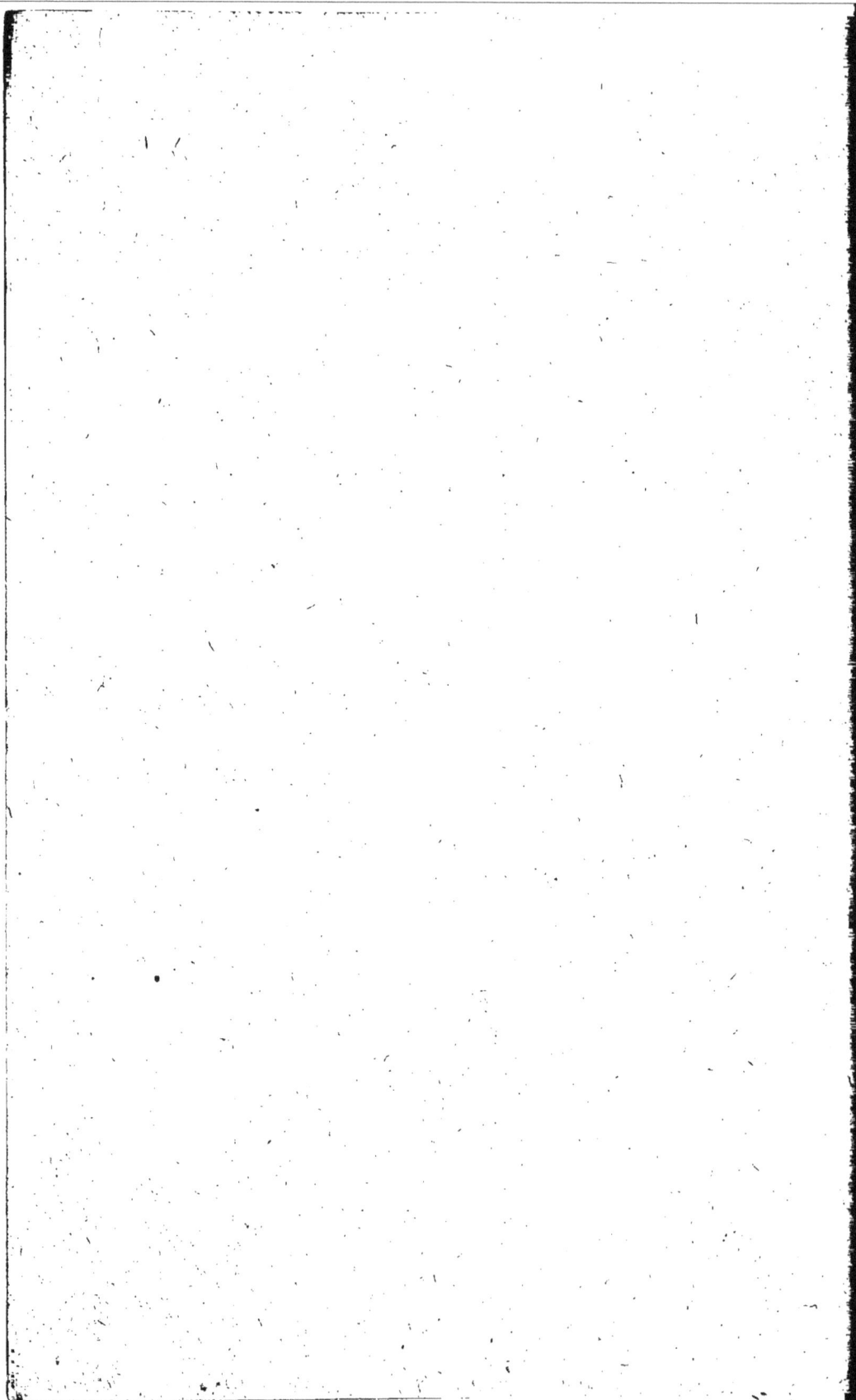

TABLE DES MATIÈRES

De l'instruction pour l'application du cahier des clauses et conditions générales des marchés de travaux de constructions militaires.

TITRE IV.

PAYEMENTS.

TITRE V.

CONTESTATIONS.

TITRE VI.

CONDITIONS DU TRAVAIL.

PARIS, 134, BOULEV. St-GERMAIN, ET LIMOGES. — IMPR. MILITAIRE CHARLES-LAVAUZELLE

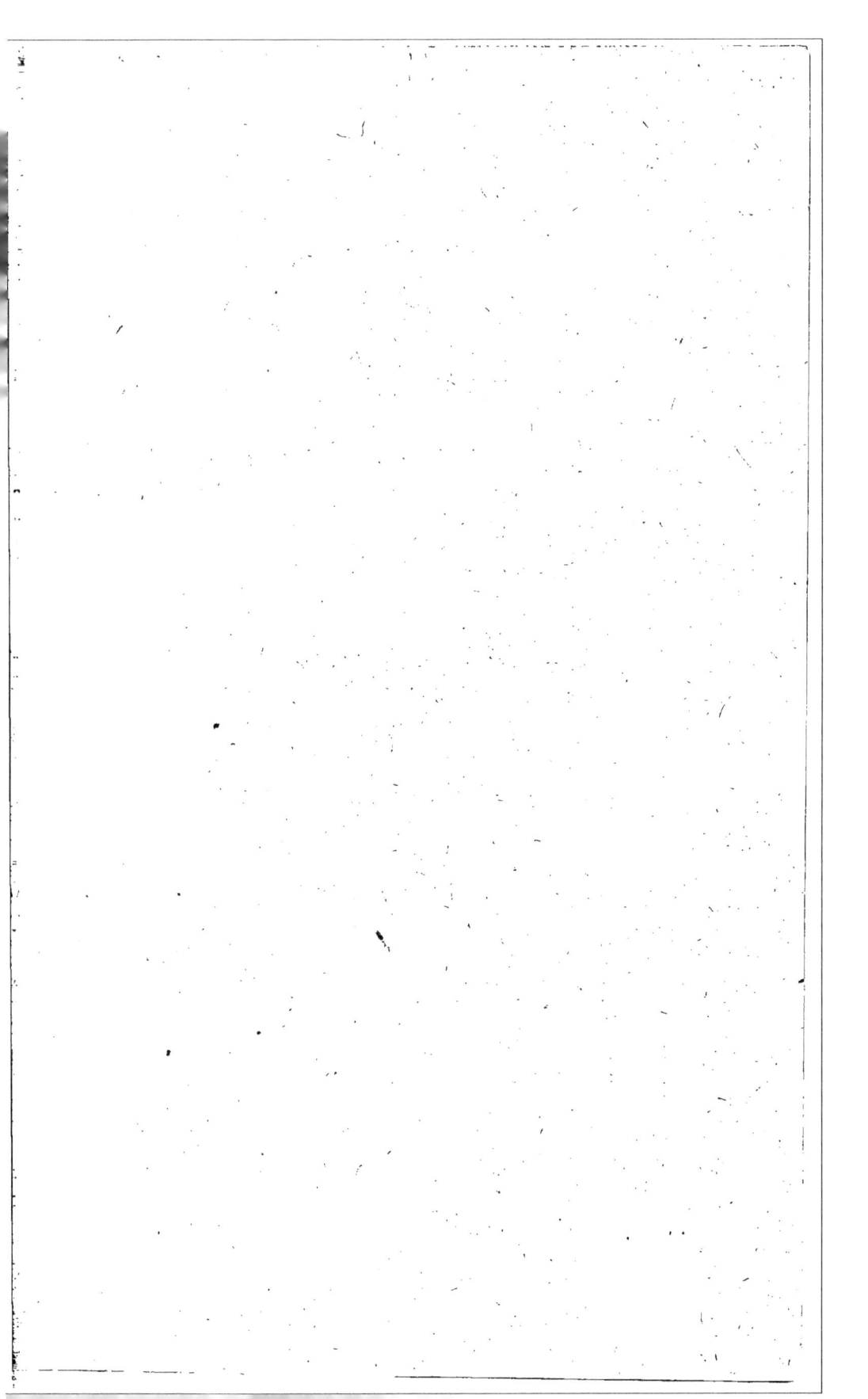

www.ingramcontent.com/pod-product-compliance
Lightning Source LLC
Chambersburg PA
CBHW060815280326
41934CB00010B/2697